Aventuras de viaje

El Serengueti

Conteo

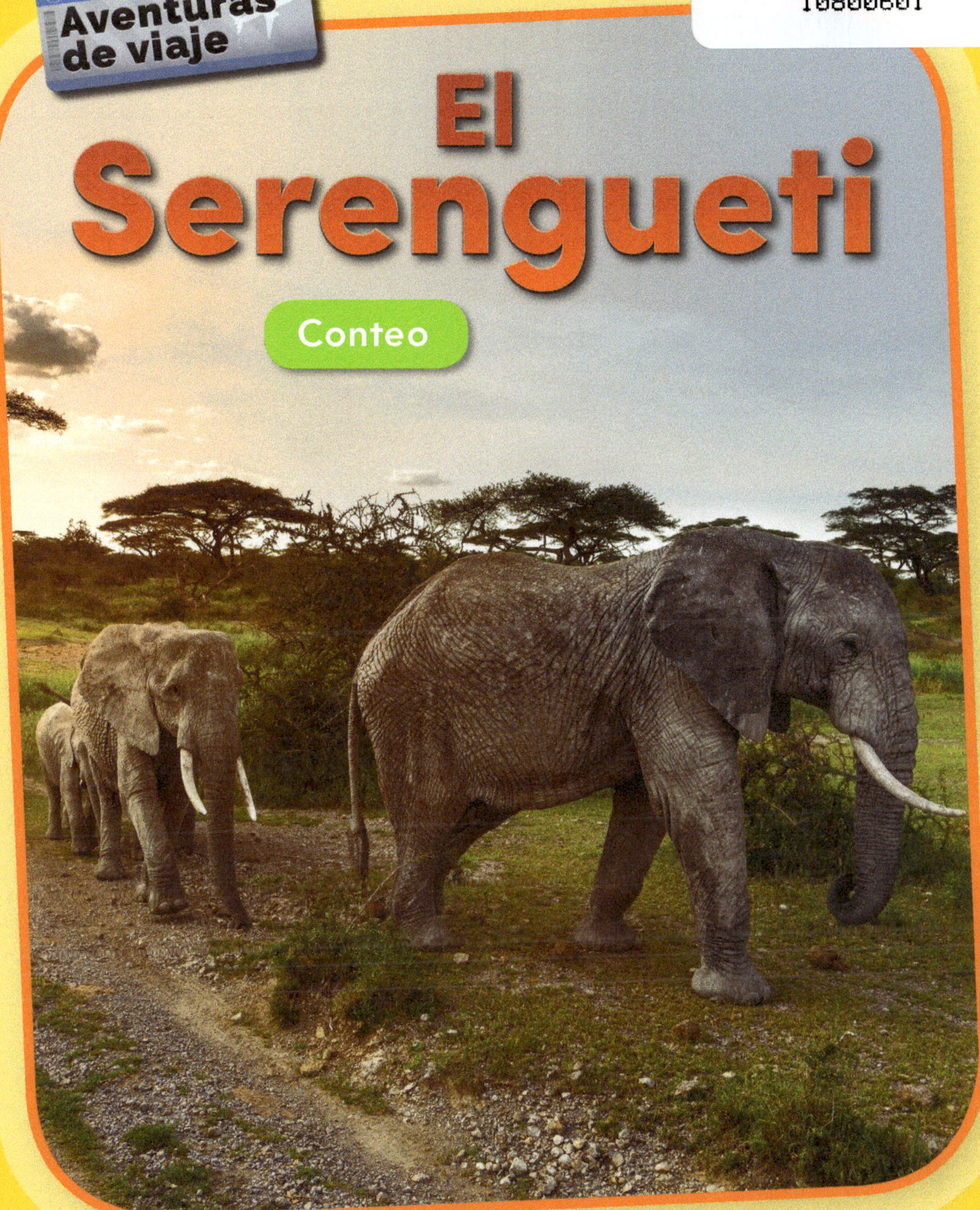

Dona Herweck Rice

Cae cero lluvia.

0

Un hombre observa.

1

Dos elefantes caminan.

2

Cinco leones beben.

5

Diez grullas vuelan.

10

Quince cebras se paran.

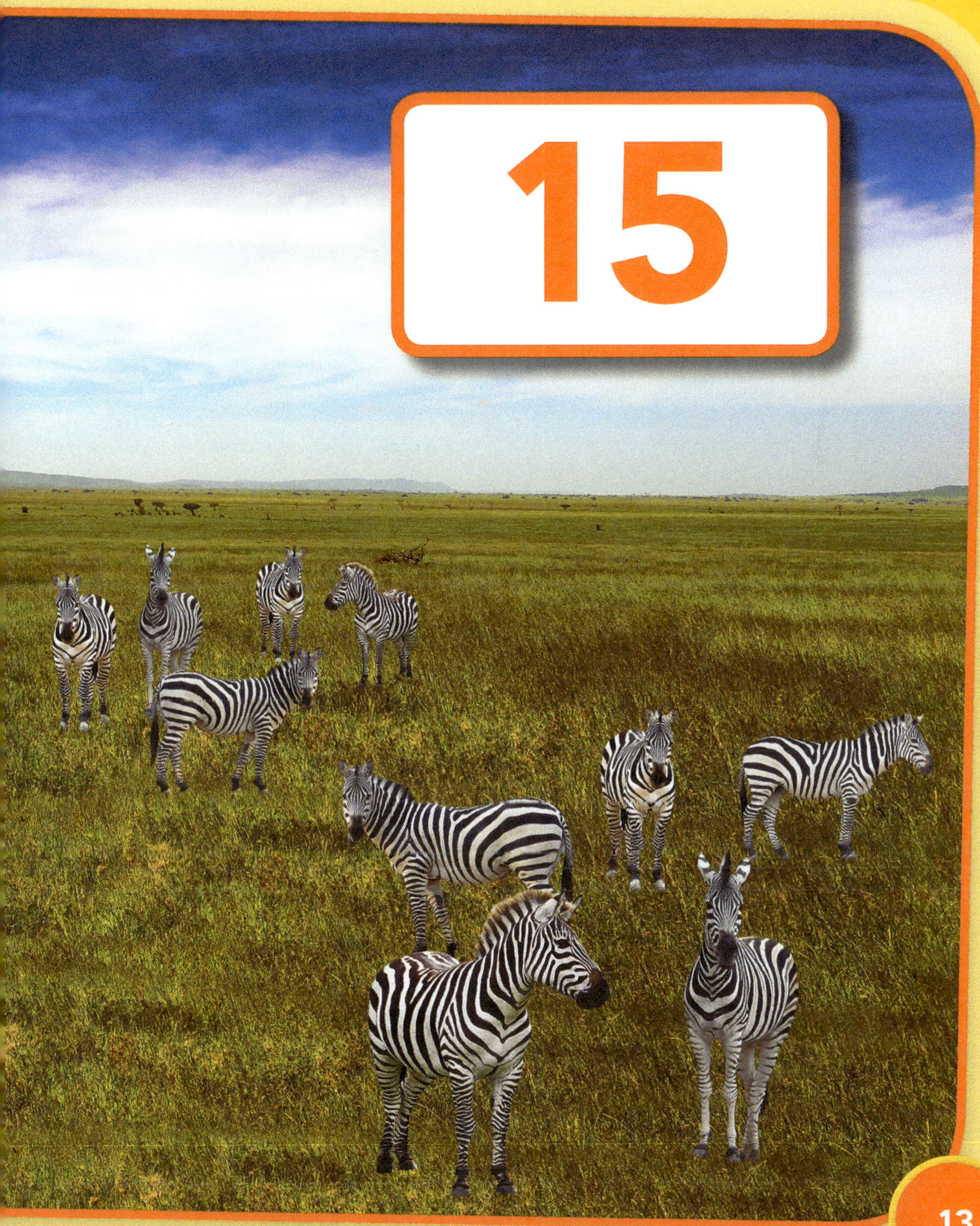

15

Veinte jirafas juegan.

20

Resolución de problemas

¡Estás de safari! Cuenta los animales que ves.

1. Cuenta las cebras.
2. Cuenta las grullas.
3. Cuenta los leones.
4. Cuenta todos los animales.

Soluciones

1. Hay 2 cebras.
2. Hay 3 grullas.
3. Hay 0 leones.
4. Hay 5 animales en total.

Asesoras

Nicole Belasco, M.Ed.
Maestra de jardín de niños, Distrito Escolar Colonial

Colleen Pollitt, M.A.Ed.
Maestra de apoyo de matemáticas, Escuelas Públicas del Condado de Howard

Créditos de publicación

Rachelle Cracchiolo, M.S.Ed., *Editora comercial*
Conni Medina, M.A.Ed., *Redactora jefa*
Dona Herweck Rice, *Realizadora de la serie*
Emily R. Smith, M.A.Ed., *Realizadora de la serie*
Diana Kenney, M.A.Ed., NBCT, *Directora de contenido*
June Kikuchi, *Directora de contenido*
Véronique Bos, *Directora creativa*
Robin Erickson, *Directora de arte*
Caroline Gasca, M.S.Ed., *Editora superior*
Stacy Monsman, M.A., *Editora*
Michelle Jovin, M.A. y Sam Morales, M.A., *Editores asociados*
Fabiola Sepúlveda, *Diseñadora gráfica*
Jill Malcolm, *Diseñadora gráfica básica*

Créditos de imágenes: Todas las imágenes provienen de iStock y/o Shutterstock

Library of Congress Cataloging-in-Publication Data

Names: Rice, Dona, author.
Title: El Serengueti / Dona Herweck Rice.
Other titles: Serengeti. Spanish
Description: Huntington Beach : Teacher Created Materials, 2019. | Series: Mathematics readers | Series: Aventuras de viaje | Audience: K to grade 3. | Identifiers: LCCN 2018052836 (print) | LCCN 2018060134 (ebook) | ISBN 9781425822804 (eBook) | ISBN 9781425828189 | ISBN 9781425828189¬q(pbk.)
Subjects: LCSH: Counting--Juvenile literature. | Animals--Tanzania--Serengeti Plain--Juvenile literature. | Serengeti Plain (Tanzania)--Juvenile literature.
Classification: LCC QA113 (ebook) | LCC QA113 .R4958518 2019 (print) | DDC 513.2/11--dc23
LC record available at https://lccn.loc.gov/2018052836

Teacher Created Materials
5301 Oceanus Drive
Huntington Beach, CA 92649-1030
www.tcmpub.com

ISBN 978-1-4258-2818-9